BERND
DRESSLER

Kleines Lexikon der Mühlen in der Oberlausitz

Fotografien
Wolfgang Wittchen
Zeichnungen
Horst Pinkau

Lusatia Verlag
Bautzen

Titel:
Bockwindmühle
Dörgenhausen

Seite 1:
An der Kottmarsdorfer
Mühle

Seiten 2/3:
Müllermeister
Jürgen Berthold
an einem seiner
Walzenstühle

Seite 4:
Detail eines
Mühlengetriebes

ISBN 978-3-936758-79-5
Copyright by Lusatia Verlag
Dr. Stübner & Co. KG
Bautzen 2012
Lektorat: Dr. Frank Stübner
Gestaltung und Schriftsatz:
Eberhard Kahle
Reproduktionen:
Satzstudio Martina Mittasch
Druck und Binden:
WestermannDruck Zwickau GmbH
Printed in Germany

Die beste Frucht der Erde bringt man uns ins Haus, damit gemahlen werde feines Mehl daraus.

Es ächzt und knarrt, es poltert und knackt, der Boden unter den Füßen schwankt. Mitunter sogar scheint sich das ganze Haus zu drehen. Das Szenario ähnelt einem Gruselfilm. Und doch meidet niemand diese düstere Kulisse, im Gegenteil. Es ist, als brauchten Hunderte dieses Gänsehaut-Erlebnis, dann und wann stehen sie sogar Schlange dafür.

Dieses Gänsehaut-Erlebnis lässt sich nur in Mühlen auskosten, egal, ob sie für ihren Antrieb die launige Kraft des Windes oder die Strömung eines laut gurgelnden, meistens aber gemütlich dahin plätschernden Baches nutzen. Egal, ob darin der lebendige Rhythmus der Transmissionen und das Summen der Mahlmaschinen oder das vermeintliche Knab-

bern der Holzwürmer zu hören sind, die sich in der Stille und Einsamkeit des Verfalls durchs immer morschere Mühlengebälk fressen.
In staunenden Gesichtern, in bewundernden Blicken offenbart sich das Gänsehaut-Erlebnis: Welch technische Meisterwerke sind Mühlen doch! Da setzten einst mächtige Flügelarme mit 15 und mehr Metern Spannweite oder Wasserräder von fünf und mehr Metern Durchmesser ein ausgeklügeltes Räderwerk in Bewegung, um Getreidekörner zwischen zwei Steinen zu Mehl zu mahlen. Da erdachten sich Mühlenbaukünstler vergangener Jahrhunderte weitere technische Raffinessen, mit denen sich Lumpen in Papier verwandeln, Bäume in Bretter zersägen oder Drähte ziehen ließen, so dass Mühlen nicht nur fürs tägliche Brot, sondern auch für den Broterwerb ganzer Familien Bedeutung erlangten. Die Mühle als die Mutter der Maschinen – was für ein treffendes Bild!

Doch eine Mühle ist viel mehr als ein Ort faszinierender Technik. Sie ist auch ein Ort der Ruhe, der inneren Einkehr, der Besinnlichkeit. Welche Fernblicke, welche Bergpanoramen werden dem Betrachter an Oberlausitzer Windmühlenstandorten geboten, welche anregende Atmosphäre geht von einer Wassermühle aus, ganz gleich, ob sie im bergigen Süden oder im flacheren Norden angesiedelt ist.

Wie romantisch ist so eine alte Mühle doch – nur nicht für den Müller. Tagelang, ja wochenlang war er mitunter zum Nichtstun verurteilt, vor allem, wenn er auf den Wind setzte, der gerade mal keine Lust hatte, die Mühle anzublasen. Doch wenn es sich der Wind dann anders überlegte, musste der Müller doppelt ran: Nicht nur am Tage, sondern auch nachts hatte er nun zu mahlen, steile Stiegen rauf und runter zu klettern, schwere Säcke zu schleppen und zwischendurch etwas auszubessern und zu reparie-

ren. Und dabei aufzupassen, dass ihm selbst nichts passierte. Wie schnell gerieten eine Hand oder mehr ins Getriebe!
Gedankt wurde dem Müller sein schweres Berufslos lange Zeit nicht. Betrüger, Dieb, Halsabscheider, so musste er sich betiteln lassen. Mitunter hatte er sich sogar abtrünniger krimineller Kollegen zu erwehren, die sich in Diebes- oder gar Mörderbanden verdingten und so manche einsam gelegene Mühle überfielen. Es dauerte, bis der Müller eine geachtete Person wurde, eine Person, die eigentlich nur eins verdient hat: dass man vor ihr ganz tief den Hut zieht.
Mühlen und Müller sind zum Glück nicht ausgestorben in der Oberlausitz. Trotz mächtiger städtischer Industriemühlen gibt es da und dort immer noch Handwerker, denen die Müllerei Berufung ist, die das Mehl mit Kennerblick begutachten, ehe sie es mit großen Fahrzeugen zu den Bäckern bringen, alles andere als anonym. Und

man trifft auf Hobbymüller, die in Vereinen oder als Einzelpersonen erhaltenswerte Mühlen vor dem Verfall retten: Jahr für Jahr, immer und immer wieder, trotz Geldmangels und manch anderer Hindernisse, jedoch mit ganz, ganz viel Idealismus. Es lohnt sich, mit all diesen Mühlenverrückten Bekanntschaft zu schließen. Die Lektüre dieses Büchleins soll dabei helfen, soll ein kleiner Schlüssel zur Oberlausitzer Mühlenwelt sein. Das Gänsehaut-Erlebnis Mühle wartet noch auf viele Besucher. Sehr zum Leidwesen des Holzwurmes. Denn der will seine Ruhe haben. Sie sei ihm nicht gegönnt.   Bernd Dreßler

> Ein Mühlstein und ein Menschenherz
> wird stets herumgetrieben.
> Wo beides nichts zu reiben hat,
> wird beides selbst zerrieben.

Meist mit Mühlsteinen als Mahlwerkzeuge ausgestattet, nutzten die Mühlen als älteste Maschinen der Menschheit sowohl die Wind- als auch die Wasserkraft, um vor allem Getreide für die menschliche Ernährung zu mahlen. Erfindungen und technische Weiterentwicklungen (Stampf- und Hammerwerke) führten dazu, dass Mühlen jedoch nicht nur etwas zerreiben (schroten), sondern auch stampfen, stoßen, pressen, schneiden, hobeln und glätten konnten. So entstanden zum Beispiel Ölmühlen, bei

Ausstattung / Nutzung

Die Hammermühle an der Spree in Bautzen war einst Drahtziehmühle, ehe sie ab 1888 Getreide vermahlte. Bis vor wenigen Jahren war sie noch in Betrieb. Ihre Inneneinrichtung wurde bewahrt. Mit einer Turbine kann Strom erzeugt werden.

*Linke Seite:
Blick ins historische Schausägewerk im Kloster St. Marienthal in Ostritz*

Volker Grocholl von der Wassermühle Katschwitz prüft in historischer Kleidung das Mahlgut.

denen sich zwei senkrecht stehende Mühlsteine auf einem waagerechten drehen und die Ölfrüchte aufquetschen («Kollergang»). Walkmühlen der Tuchmacher und Gerber sorgten, wie in der Hentschel-Mühle Bischofswerda, durch Stauchen, Pressen und Dehnen für die Geschmeidigkeit von Stoffen oder Häuten. Auch Säge-, Knochen-, Papier-, Pulver- und Schleifmühlen wurden gebaut. All diese Mühlen waren Keimzelle der Industrialisierung. Sie wurden mit der verlässlicheren Wasserkraft angetrieben, da sich über Mühlteich und Mühlgraben auf zusätzliche Wasserreserven zurückgreifen ließ. An der Spree in Bautzen gab es zwischen dem 14. und 20. Jahrhundert auf einer Strecke von noch nicht einmal vier Kilometern etwa 20 technologisch unterschiedliche Mühlen.
Ölmühlen, Mühlgraben

Beruf: Müller

Müller verstanden sich früher nicht nur auf das Vermahlen von Getreide oder anderen Früchten. Sie mussten noch viele weitere handwerkliche

Dieser Mühlstein mit Schärfwerkzeugen kann im Volkskunde- und Mühlenmuseum Waltersdorf im Zittauer Gebirge bewundert werden.

Fähigkeiten besitzen, was ihnen bei Werterhaltungsarbeiten an der Mühle zugutekam und den Beinamen «Mühlenarzt» einbrachte. Sie mussten außerdem Steinmetzfertigkeiten beherrschen, um die sich abnutzenden Mahlbahnen der Mühlsteine schärfen zu können. Viele verstanden sich auch aufs Backen, so dass der Mühle mitunter eine Bäckerei ange-

schlossen war, wie in Wohla bei Kittlitz. Die Arbeit der Müller in der Blütezeit der Wind- und Wassermühlen war körperlich schwer, die Unfallgefahr hoch. Alte Müller litten oft unter Wirbelsäulendeformationen, Gicht, Rheuma und anderen ihrem Beruf geschuldeten Krankheiten.
Heute werden Müller an speziellen Berufsschulen ausgebildet und führen danach die Berufsbezeichnung «Verfahrenstechnologe in der Mühlen- und Futterwirtschaft».
Müllersprüche, Mühlenunglücke

Bock- und Holländerwindmühle

Die Bockwindmühle ist der dominierende Windmühlentyp der südlichen Oberlausitz. Als mächtiges Balkengefüge, das meist nur auf Feldsteinen aufliegt, trägt der Bock die Mühle, die als Ganzes um ihre eigene Achse in den Wind drehbar ist. Der Bock stützt den Hausbaum, einen starken bis zu den Mahlgängen reichenden senkrechten Eichenbalken von rund einem Meter Durchmesser, auf dem waagerecht – wie bei einem «T» – der Mehl- oder Hammerbalken drehbar gela-

Vorderansicht der Bockwindmühle Luga an der Straße nach Quoos.

gert ist. An diesem Hammerbalken hängt die gesamte Mühle. Gedreht wird die Mühle mit einem aus der Hinterwand herausragenden langen Balken.

Demgegenüber wird bei den fest stehenden, meist gemauerten, bau-

und wartungsintensiveren Holländerwindmühlen (nach ihrem Herkunftsland benannt) nur die Dachhaube, die Kappe, mit den Flügeln in den Wind gedreht. Dieser Mühlentyp, der oft auch als Turmwindmühle bezeichnet wird, ist unter anderem in Rodewitz bei Hochkirch erhalten geblieben.
*Schwenk- oder Drehbalken,
Huckepackmühlen*

*Holländermühle
in Sohland am Rotstein*

Bockwindmühle Dörgenhausen: Deutlich ist der Flügelaufbau mit den schmalen Vorhecks und den breiten Hinterhecks zu erkennen.

Flügel

Meist vier an der Zahl, nutzen sie die Kraft des Windes und setzen das Mahlwerk einer Windmühle in Bewegung. Die Flügel sind an einem gusseisernen Flügelkreuz angebracht. Um die Energie des Windes bestmöglich zu nutzen, gilt: viel Wind –

Mit bestimmten Flügelstellungen wiesen Windmüller auf den Mühlenbetrieb, aber auch auf Ereignisse in der Müllerfamilie hin. Die Signale bedeuteten:

«Die Mühle arbeitet nicht» oder «Wir haben nichts zu mahlen»

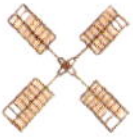

Längere oder kürzere Arbeitspause

Freudenschere (zeigte zum Beispiel eine Heirat oder Geburt in der Müllerfamilie an)

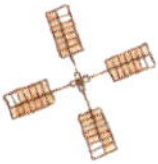

Trauerschere (tat einen Todes- oder Unglücksfall kund)

offene Flügel, wenig Wind – geschlossene Flügel. Das Schließen der Flügelflächen geschah in der Oberlausitz meist mit Windbrettern, auch «Türen» genannt. Später sorgten Jalousieflügel für Erleichterung. Mit vom Mühleninneren her verstellbaren

Flügelkreuz der Zimmermann-Mühle Neueibau. Sie gehörte zu den Windmühlen, die mit fünf Flügeln ausgestattet waren. Man erhoffte sich davon mehr Leistung.

Klappen wurden die Flügelflächen der Windstärke angepasst. Flügel drehen sich, von vorn betrachtet, meist entgegen der Uhrzeigerrichtung, sind also «Linksläufer».

Es gab aber auch Windmühlen mit fünf oder mehr Flügeln. Von diesen Konstruktionen erhofften sich die Müller mehr Leistung. Doch es blieb bei der Hoffnung, der Wind verfing sich in dem Flügelgewirr. So wurde die Hetzemühle in Leutersdorf 1864 von vier auf sechs Flügel erweitert, später aber wieder um einen reduziert. Fünf Flügelhalterungen zeugen

auch an der benachbarten Zimmermann-Mühle in Neueibau von solch leistungssteigernden Experimenten.
Mühlenunglücke

Mit dieser saloppen Bezeichnung charakterisiert man das Versetzen von Bockwindmühlen an einen anderen Ort. Eine Bockwindmühle konnte wegen ihrer drehbaren Konstruktion und sehr weniger fest stehender Teile relativ leicht abgebaut und auf Fuhrwerke verladen, also «Huckepack» genommen werden, um anderswo Dienst zu tun. So zog 1922 eine Bockwindmühle von Tschausdorf-Plau östlich von Guben (heute in Polen) nach Dörgenhausen bei Hoyerswerda, wo sie bis heute der Nachwelt erhalten ist. Die Gründe für den Ortswechsel waren meist in unzureichenden Windverhältnissen oder in zu starker Konkurrenz anderer Mühlen zu suchen. In Saritsch im Landkreis Bautzen musste die dortige Bockwindmühle 1977 einem Tonvorkommen weichen und fand nach einem Transport auf Tiefladern auf

Huckepack-Mühlen

Die Windfahne der Bockwindmühle Dörgenhausen bei Hoyerswerda enthält markante Jahreszahlen ihrer Geschichte. Die Buchstaben stehen für Mühlenbaumeister Max Lorenz, der sich nach dem Zweiten Weltkrieg um ihren Erhalt verdient machte.

dem Totenberg an der Straße von Luga nach Quoos, unweit der B 96, einen neuen Standort.

Jonsdorfer Mühlsteinbrüche

Das südlich von Jonsdorf im Zittauer Gebirge gelegene Gebiet zeichnete sich durch besonders abriebfesten Sandstein aus, der für Mühlsteine geeignet war. Rund 350 Jahre lang, bis 1918, wurden hier Steine gebrochen und mühlengerecht produziert. Wegen ihrer Güte wurden sie in viele Staaten, darunter Russland und England, geliefert. Seit 2002 sind die Jonsdorfer Brüche wieder Besuchern zugänglich. Im «Schwarzen Loch» lässt sich in einem Schaubergwerk die schwere Arbeit der Steinbrecher nachvollziehen.

Ab 1920 widmete sich in Cunewalde die Mittelmühle der Mühlsteinfertigung. Abnehmer waren die Landwirtschaft und kleinere Hausmühlen, große Mühlen brauchten aufgrund der technischen Entwicklung, zum Beispiel Metallwalzen in Walzenstühlen, keine Steine mehr.

Mahlgang

Mühlsteine mit ihren Furchen und Rillen haben so manche alte Mühle vor dem Vergessen bewahrt.

Kraftübertragung

Flügel («Ruten») bei Windmühlen und Wasserräder bzw. Turbinen bei Wassermühlen übertragen die Kraft des Windes oder des Wassers über einen starken Wellbaum und ein Getriebe oder Mühlrad auf die Mühlentechnik. Bei Getreidemühlen ist die Konstruktion und Bauweise der Mühlentechnik in Wind- wie Wassermühlen gleich bzw. ähnlich. Den Unterschied macht die Anordnung der Aggregate aus. Während sie bei Windmühlen überwiegend oben, in Höhe der Flügel platziert werden, sind sie in Wassermühlen vor allem im unteren Teil des Mühlengebäudes zu finden, also dort, wo das Wasserrad angebracht ist.

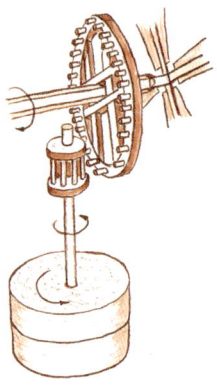

Antrieb einer Windmühle

Ausstattung/Nutzung

Antrieb einer Wassermühle

*Rechte Seite:
Das wahrscheinlich älteste Kammrad einer Bockwindmühle Sachsens, verziert mit einer kunstvollen Inschrift, stammt aus der ehemaligen Hempel-Mühle in Schönbach.*

Mahlgang

Er ist die wichtigste Verarbeitungsmaschine einer Getreidemühle und besteht aus zwei Mühlsteinen, die von einer Holzummantelung («Bütte») umschlossen werden. Darauf befindet sich der Einschüttetrichter mit dem Rüttelschuh, der für die gleichmäßige Getreidezufuhr und durch seine Bewegung für das typische Mühlenklappern verantwortlich ist. Die beiden Mühlsteine werden nach ihrer Lage bzw. Funktion Boden- und Läuferstein genannt. Der untere flachere Bodenstein ist feststehend, darauf rotiert – gehalten vom Mühleisen – der stärkere und schwerere Läuferstein und sorgt mit seinem Gewicht für die Vermahlung. Das Mahlgut wird anschließend im Beutelgang oder Drehsichter gesiebt («gesichtet»). Gröbere Bestandteile werden erneut aufgeschüttet und vermahlen. Da der Mahlgang aus Sicherheitsgründen nie leer laufen durfte, schlug eine mit dem Mahlgang verbundene Glocke an, sobald der Körnervorrat im Einschüttetrichter zur Neige ging. Im 19. Jahrhundert wurde dann die

*Seiten 30/31
Kammrad und Mahlgang der Birkmühle Oberoderwitz, eine der drei Bockwindmühlen des Ortes*

Wegweiser «Zur Birkmühle» in Oberoderwitz

Steinvermahlung durch die Vermahlung zwischen rotierenden Metallwalzen im Walzenstuhl weiterentwickelt. Damit konnte schonender und zeitsparender gemahlen werden, die Mahlleistung ließ sich beträchtlich steigern. Gesiebt wird heute in frei schwingenden Plansichtern.

Mühlensterben

Der Begriff steht für den Niedergang zahlreicher Mühlen in der zweiten Hälfte des 19. und zu Beginn des 20. Jahrhunderts. Dampfkraft und elektrischer Strom verdrängten die Naturkräfte Wind und Wasser als Mühlenantriebsquellen. Windmühlen waren besonders von Stilllegung und Abriss betroffen, da sie im Gegensatz zu den Wassermühlen auf keine Antriebsreserven aus Mühlteichen oder Mühl-

Mühlenfreunde heben in Kottmarsdorf mithilfe eines Steinkranes einen schweren Mühlstein, um ihn zum Schärfen vorzubereiten.

gräben zurückgreifen konnten, sondern ausschließlich von den Launen des Windes (entweder er wehte oder er wehte nicht) abhängig waren. Außerdem waren Windmühlen für das Nachrüsten mit neuen Energiequellen weitgehend ungeeignet. Allein für Ebersbach und Neugersdorf listet eine Statistik zwischen 1863 und 1914 sieben abgetragene Windmühlen auf. Wassermühlen erwiesen sich dagegen als ausbaufähig. Einige behaupten sich als gewerblich produzierende Mühlen bis in die Gegenwart.

Nutzung von Mühlen heute

Mühlentag

Der deutschlandweit seit 1994 jährlich am Pfingstmontag begangene «Tag der offenen Mühlen» rückt die älteste Kraftmaschine der Menschheit in den Mittelpunkt. In der Oberlausitz beteiligen sich im Durchschnitt rund 20 Mühlen an der von der Deutschen Gesellschaft für Mühlenkunde und Mühlenerhaltung (DGM) organisierten Veranstaltung, auch solche, die sonst nicht öffentlich zugänglich sind.

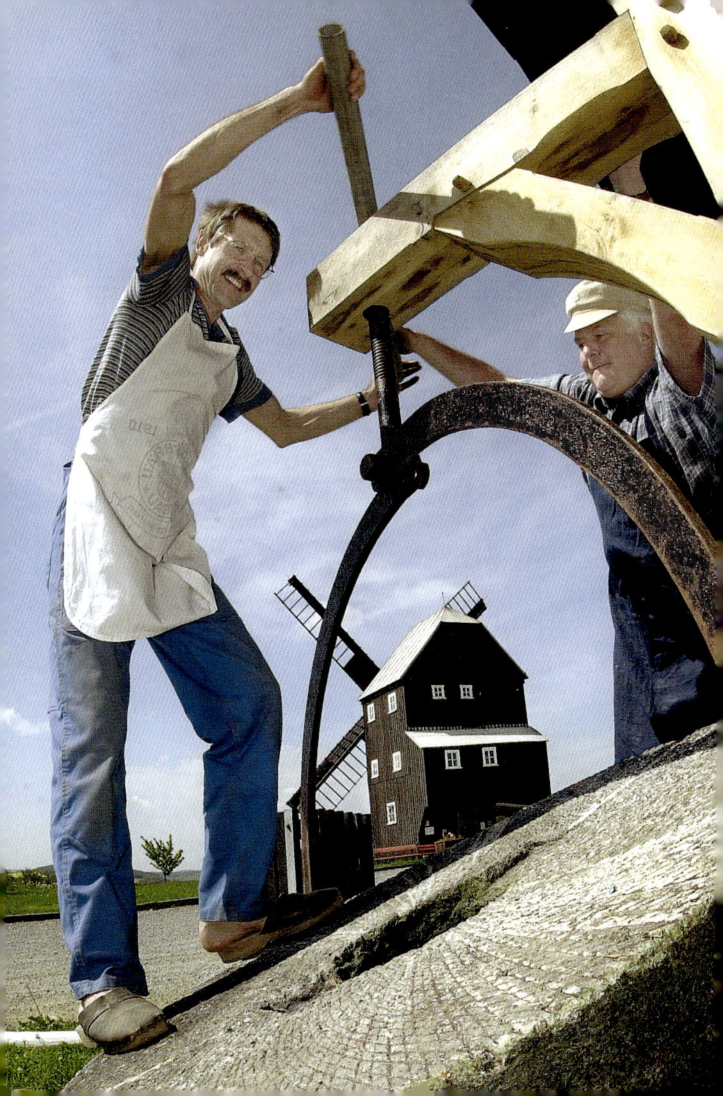

Die Besucherresonanz unterstreicht das Interesse an diesen Denkmalen der Produktionsgeschichte und ihrer Erhaltung und Nutzung in der Gegenwart. Informationen unter:
www.muehlen-dgm-ev.de

Mühlenunglücke

Sie gehörten bis Anfang des 20. Jahrhunderts leider zum Berufsalltag des Müllers und führten, oft begünstigt durch Unachtsamkeit, zu schweren Verletzungen oder gar zum Tode. So, wenn der Müller oder seine Mitarbeiter ins laufende Mahlwerk gerieten, geschehen zum Beispiel 1924 in der Niedermühle Breitendorf bei Löbau. Zahlreiche Mühlen wurden durch Mehlstaubexplosionen, heiß gelaufene Lager oder Brandstiftung Opfer der Flammen. Allein in Niedercunnersdorf sollen im Laufe der Zeit gleich sechs Mühlen abgebrannt sein. Beim «Ein- oder Austüren» von Windmühlenflügeln (Einhängen oder Herausnehmen der Flügelbretter) konnte es vorkommen, dass der Müller unfreiwillig eine «Fahrt» auf den Flügeln unternahm, die – wie 1853 in Sohland am Rotstein – meist mit dem Tode endete. Aber auch Außenstehende begaben sich in höchste Lebensgefahr, wenn sie wetteten, zwischen rotierenden Windmühlenflügeln hindurch laufen zu können, ohne erfasst zu werden. Nicht nur in Kottmarsdorf hatte solcher Leichtsinn mitunter den Tod zur Folge.

Mühlgraben

Als künstlich angelegtes Gewässer leitete er das Wasser eines Baches oder Flusses auf das Wasserrad – oder die Turbine – einer Wassermühle. Ein Wehr oder ein Staubrett erhöhten die Wasserzufuhr; dies konnte aber auch zu Überschwemmungen der Umgebung führen, weshalb eine markierte Stauhöhe nicht überschritten werden durfte. Dabei blieben Streitigkeiten

*Mühlgraben
an der Katschwitzer
Mühle*

mit Nachbarn nicht aus. Bei Gewässern mit geringem Durchfluss bildeten zudem ein oder mehrere Mühlteiche eine wichtige Wasserreserve, zum Beispiel an der Niedermühle am Littwasser in Lawalde oder an der Himmels- und der Kiefernmühle am Butterwasser in Wilthen.
Wasserräder

Ungezählte davon hatte der Volksmund im Laufe der Jahrhunderte hervorgebracht. Gleichnishaft finden sich die Mühle und der Müller in Redensarten und Sprichwörtern wieder, zum Beispiel: «Die Mühle dreht sich nicht vom gestrigen Winde.» Angeregte Gespräche, mit denen sich die Mahlkunden die Wartezeiten aufs gemahlene Korn verkürzten, aber auch die einsame Lage vieler Mühlen und die Geräusche, die sie verursachten, brachten immer neue Spruchweisheiten hervor, zum Beispiel: «Das Müllerleben hat Gott gegeben. Aber das Mahlen in der Nacht hat der Teufel erdacht.» – Andere Sprüche unterstellen dem Müller wegen seiner Stellung für die Ernährung, Dieb und Betrüger zu sein: «Andre müssen sich ernähren, du tust fremdes Gut verzehren.» Der Wahrheit näher kommt ein Spruch, der das kärgliche Müllerleben in Oberlausitzer Mundart beschreibt: «Vun Stiebm und Kehrn muss'ch dr Müller dernährn, vun Matzen und Stahln muss'rch derhaaln.» («Vom Staubaufwirbeln und Kehren muss

Müllersprüche

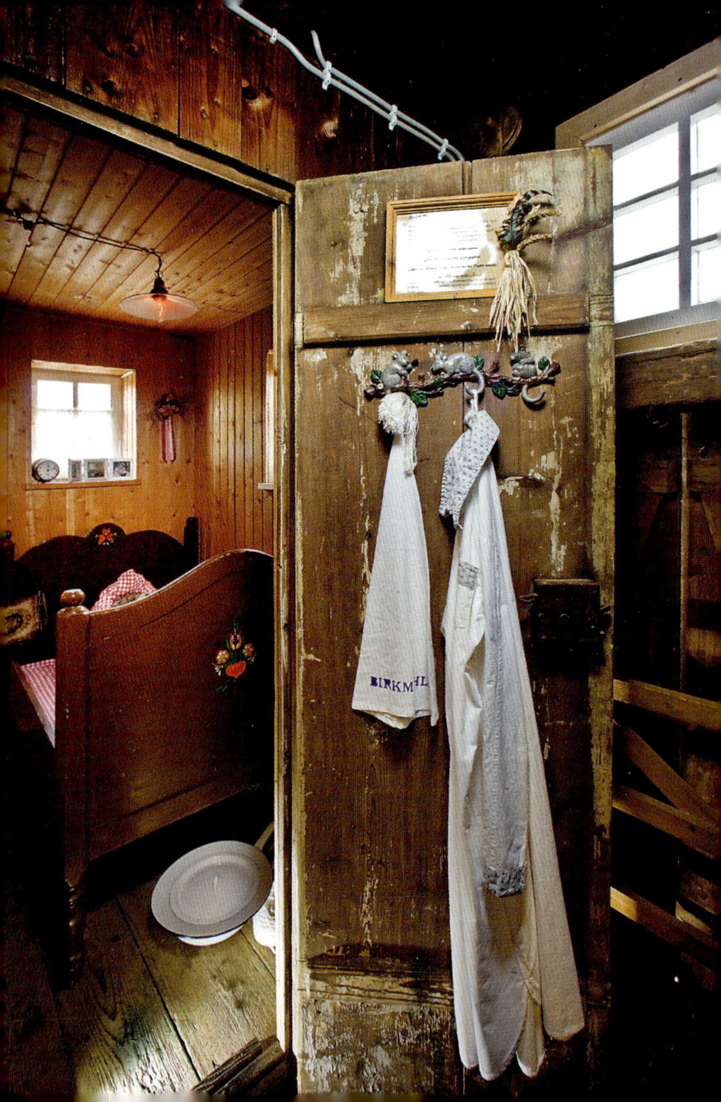

sich der Müller ernähren, vom Metzen und Stehlen sich erhalten.») Unter «Metzen» versteht man die Vergütung des Müllers per Naturallohn. Mit einem Hohlmaß nahm er sich seinen Anteil vom Kundengetreide.

Müllerstübchen

Dieser winzige Raum ist vor allem in Bockwindmühlen anzutreffen. Von hier aus überwachte der Müller direkt vor Ort den Mahlvorgang und konnte bei eventuellen Havarien sofort eingreifen. Das Müllerstübchen wurde aus Platzgründen an der Rückwand der Bockwindmühle in einem Anbau untergebracht. Ein stabiles Sofa und mitunter eine abschraubbare Türklinke wie in Kottmarsdorf nährten die Legendenbildung vom Müller als «Liebeskünstler». Tatsächlich zeugten Müllergesellen während ihrer Wanderschaft da und dort uneheliche Kinder, wie Einträge in Oberlausitzer Kirchenbüchern belegen. Ein Müllerstübchen in Wassermühlen erübrigte sich, da der Wohn- und Arbeitsbereich des Müllers in einem Gebäude dicht beieinander lagen.

Das Müllerstübchen, die museal hergerichtete «Wachstube» der Birkmühle Oberoderwitz

Müllerwappen

Es fasst bildlich alles Wichtige für die Ausübung des Müllerhandwerks zusammen. Zirkel und Winkel symbolisieren das große technische Wissen, das der Müller brauchte, damit die von zwei Löwen flankierte Mühlentechnik störungsfrei funktionierte. Die beiden Löwen stehen für die Antriebskräfte Wasser und Wind. Abgeschlossen wird das Wappen durch zwei Getreideähren, die die Bedeutung einer Mahlmühle für die Ernährung unterstreichen. Der den unteren Wappenteil prägende alte Müllergruß «Glück zu!» verdeutlicht den Wunsch nach Glück, das der Müller bei seiner Arbeit brauchte, damit die Mühle von Naturkatastrophen, Havarien, Bränden und Dieben verschont bliebe. Glück brauchte er auch, damit ihm möglichst viele wasser- und windreiche Tage beschieden waren. Noch heute finden sich an und in vielen Mühlen diese Zunftwappen. Vor der Berthold-Mühle Oberoderwitz ist es figürlich dargestellt.

In der Neumühle Rennersdorf am Eichler (im Hintergrund) wird bis heute das Mühlengewerbe ausgeübt. Vor allem Bäcker aus dem Raum Görlitz beziehen von hier ihr Mehl. Bis in die fünziger Jahre besaß die Mühle ein Wasserrad, angetrieben vom Petersbach, einem Oberlauf der Pließnitz.

Während einige wenige frühere Wassermühlen (Rätze-Mühle Spittwitz, Berthold-Mühle Oberoderwitz, Neumühle Rennersdorf) bis heute Getreide zu Mehl vermahlen und als Handwerksbetriebe die Bäcker ihres Einzugsgebietes beliefern, gibt es keine Windmühle mehr, in der noch gemahlen wird. Dennoch ist das heutige Nutzungsspektrum ehemaliger Mühlen breit gefächert, wie folgende unvollständige Aufzählung zeigt: Einige Bockwindmühlen sind als technische Schauanlagen zugänglich, so

Nutzung von Mühlen heute

Die Kraft des Neißewassers wird in der Vierradenmühle Görlitz zur Stromerzeugung genutzt. Über dem Turbinenraum befindet sich das östlichste Restaurant Deutschlands.

in Kottmarsdorf (mit Schaubackstube), Luga, Oberoderwitz und Sohland am Rotstein. In der Birkmühle Oberoderwitz kann geheiratet werden. Die Holländerwindmühle Bischheim öffnet als eine Kulturmühle mit Gaststätte ihre Pforten; in der Haubner-Mühle Sohland am Rotstein, einer rekonstruierten Turmwindmühle, ist eine Ferienpension untergebracht.

Auch etliche Wassermühlen haben eine neue Bestimmung gefunden: Im Zittauer Gebirge ist in der Mittelmühle Waltersdorf, der ältesten Wassermühle des Ortes, seit 1956 ein Volkskunde- und Mühlenmuseum eingerichtet. Die Alte Wassermühle Ober-

In Bischheim wird die 1865 gebaute Turmholländerwindmühle heute als Kulturmühle mit Restaurant genutzt.

gurig oder die Vierradenmühle Görlitz beherbergen Gaststätten. Die Kunstmühle Ludwigsdorf bei Görlitz hat sich mit Kleinkunstveranstaltungen und Erlebnisgastronomie auf dem ehemaligen Walzenboden einen Namen gemacht. Ein Novum ist die Wassermühle Katschwitz bei Gaußig: Hier wird nach wie vor Roggenmehl für umliegende Bäckereien gemahlen, zugleich kann in der Mühlenscheune namens «Mehlsack» gefeiert werden.

Hoyerswerda

Schwarzkollm
Krabat-Mühle

Kamenz

Luga
Bockwindmühle

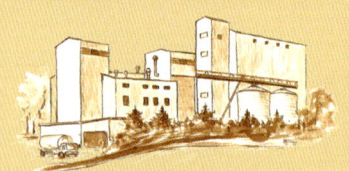

Bautzen

Bischheim
Kulturmühle

Obergurig
Alte Wassermühle

Spittwitz
Rätze-Mühle

Katschwitz
Wassermühle

OBERLAUSITZER MÜHLEN (ÜBERSICHT)

Ludwigsdorf Kunstmühle

Weißenberg Niedermühle

Görlitz

Löbau

Sohland am Rotstein Haubner-Mühle

Görlitz Vierradenmühle

Kottmarsdorf Bockwindmühle

Zittau

Oderwitz Birkmühle

Ölmühlen

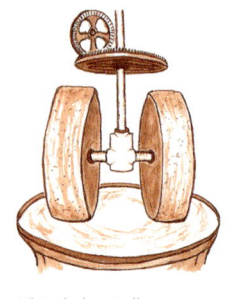

Historischer Kollergang einer Ölmühle

Sie verarbeiten den durch Flachsanbau gewonnenen Leinsamen zu Leinöl. Überall dort, wo der Betrieb einer Wassermühle möglich war, waren auch Ölmühlen zu finden, so am Oberlauf der Spree, am Cunewalder Dorfbach oder am Löbauer Wasser und seinen Zuflüssen. Bis in die fünfziger Jahre war die bei Hochkirch gelegene Kuppritzer Ölmühle weithin bekannt. Vom Kuppritzer Wasser angetrieben, wurde das Öl durch Schlagen, Rösten und Pressen gewonnen.

Schneckenpressen zur Gewinnung von Leinöl in der Lausitzer Ölmühle Hoyerswerda

Überliefert ist, dass die Kunden bis aus dem Oberland südlich von Löbau in Kuppritz mit Säcken voller Leinsamen vorfuhren und mit Tonflaschen voller Öl die Rückreise antraten. Heute ist die Lausitzer Ölmühle Hoyerswerda, einst wichtigste Speise-Leinölmühle der DDR, die einzige Ölmühle, die nach traditionellem Verfahren Lausitzer Leinöl industriell produziert. Mit Kartoffeln und Quark genossen, gilt es als Leibspeise der Oberlausitzer.

Kaltgepresstes Lausitzer Leinöl wird nach traditioneller Rezeptur in der Ölmühle Hoyerswerda hergestellt.

Pumphut und Krabat

Geboren im sorbischen Spohla unweit von Wittichenau, ist Pumphut die bekannteste Mühlensagengestalt der Oberlausitz. Sein Name leitet sich von seinem hohen, spitzen und breitkrempigen Hut her. In und um Mühlen verhalf er dem Guten zum Durchbruch und rechnete mit dem Bösen ab. So soll er aus einem Nasenloch die Flügel von zig Windmühlen angeblasen haben, um verarmten ehrlichen Müllern nach einer wochenlangen Flaute aus der Not zu helfen. War aber ein Müller geizig oder gar betrügerisch, so sorgte Pumphut dafür, dass dessen Mühle nicht mehr funktionierte. Pumphut ist zum Wahrzeichen geworden, vor allem in und um Wilthen, wo er als hölzerne Figur zu bewundern ist und ein 16 Kilometer langer Rundwanderweg nach ihm benannt ist.

Im Raum Hoyerswerda–Kamenz ist Krabat die populärste Mühlensagengestalt. Als Müllerbursche in der Schwarzen Mühle Schwarzkollm, die zugleich Zauberschule war, zeigte er sich seinem Meister magisch bald überlegen, besiegte ihn und half den Bauern: So verwandelte er karge in fruchtbare Äcker und ließ es bei langer Trockenheit regnen. Heute kann man die Krabat-Sage in einem Erlebnishof in Schwarzkollm nachempfinden.

Die Schwarzkollmer Krabat-Mühle mit Mühlenturm und oberschlächtigem Wasserrad

Pumphut

*Seiten 52/53:
In der Krabat-Mühle*

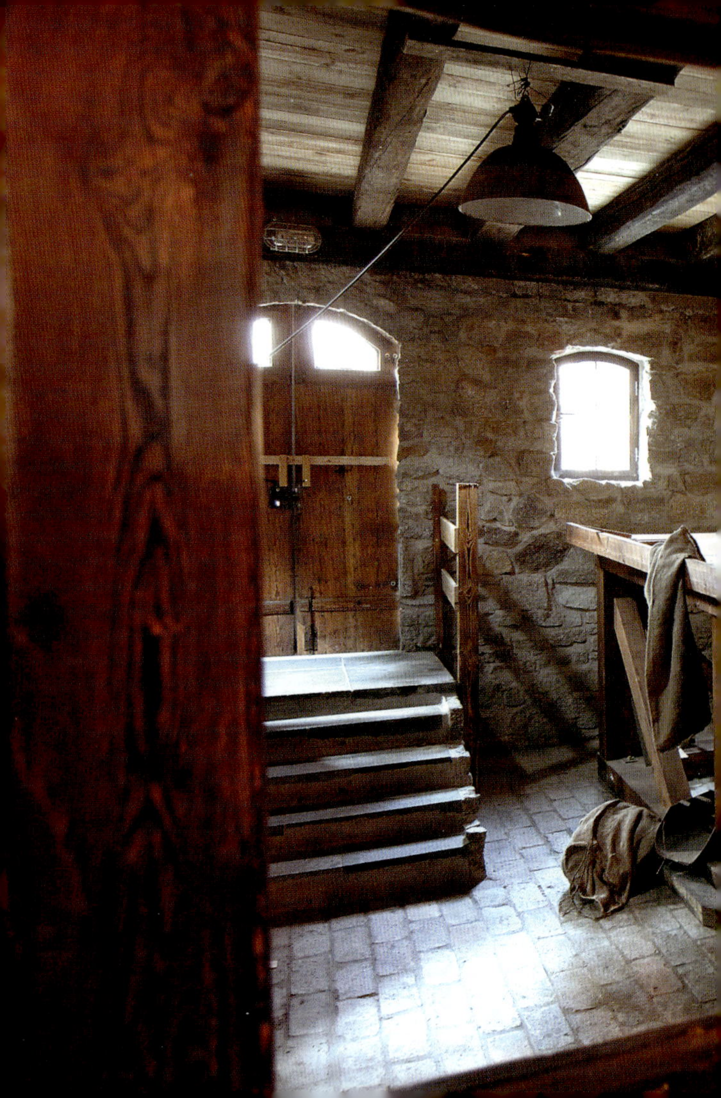

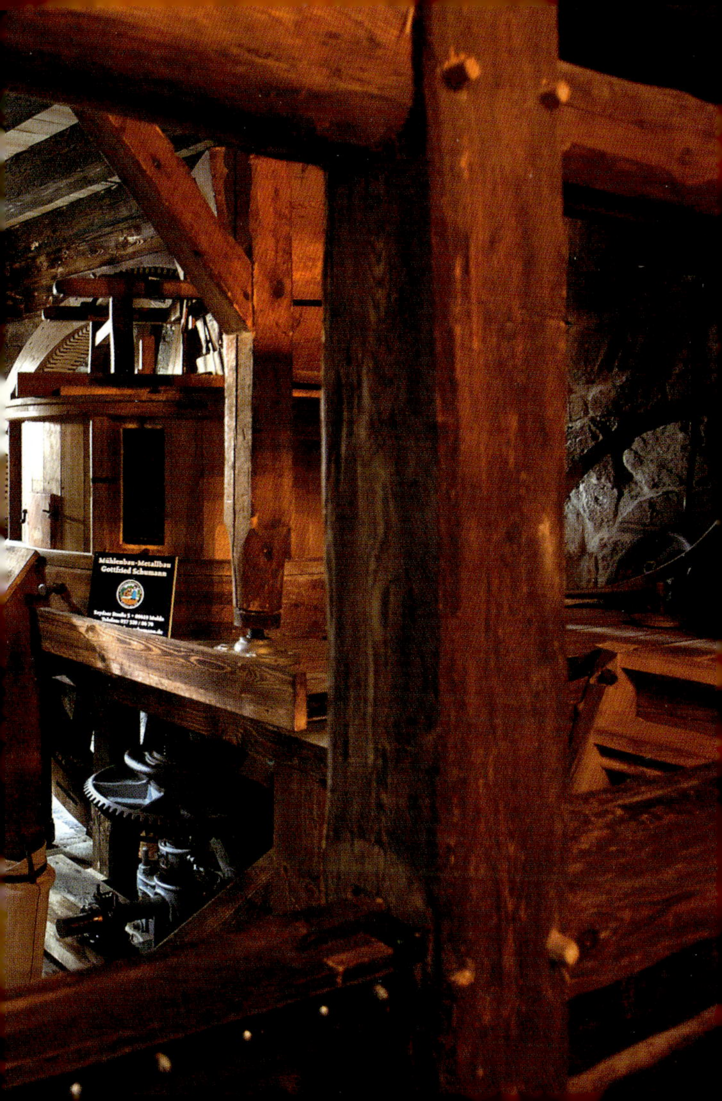
Mühlenbau-Metallbau
Gottfried Schumann

Schwenk- und Drehbalken

Mit dem aus der Rückseite einer Bockwindmühle herausragenden langen, kräftigen Stamm, in der Müllersprache «Sterz» oder «Schwanz» genannt, wird die Mühle unter Ausnutzung der Hebelgesetze in die Himmelsrichtung gestellt, aus der der Wind weht. Meist wird dazu der Schwenk- oder Drehbalken durch eine Kette mit einer fahrbaren Winde verbunden, die an Steinen verankert ist. Mit Winde und Kette zieht der Müller die tonnenschwere Mühle so lange, bis die Flügel optimal im Wind stehen. Obwohl auf diese Art der Müller ganz allein die Mühle bewe-

Mit Hilfe eines Sterzes wurden Bockwindmühlen in den Wind gedreht. Bei der Bockwindmühle Leutersdorf-Hetzwalde, die größte ihrer Art in Sachsen, ist der Sterz ein torbogenähnliches Balkengefüge. Ein Stützrad sorgte für Erleichterung beim Drehen.

gen konnte, war das trotzdem eine Schinderei. Zwei-, aber auch vierbeinige Gehilfen, nämlich Esel oder Pferde, sorgten oft für Erleichterung.

Bock- und Holländerwindmühle

Dieser Begriff charakterisiert eine Besonderheit der Kottmar-Region. Wenige Kilometer nach ihren Quellen haben die hier entspringenden Flüsse Spree, Landwasser, Pließnitz und Löbauer Wasser nur geringe Triebkraft, so dass Wassermühlen oft auf dem Trockenen saßen. Als Alternativen wurden auf den angrenzenden Anhöhen Windmühlen gebaut, insbesondere Bockwindmühlen. Meist blieb es nicht bei der Ansiedlung einer Windmühle, es entstanden Mühlendörfer (unter anderem Oberoderwitz mit vier Wasser- und sechs Windmühlen). Im Gegensatz zu den Bockwindmühlen im Flachland war in der gebirgigen südlichen Oberlausitz das Balkengefüge des Bockes eingehaust, um ein Kippen der Mühle durch gefährliche Unterwinde zu verhindern. In Neugersdorf gab es eine weitere

Südlausitzer Windmühlenlandschaft

*Seiten 56/57:
An der Kottmarsdorfer Bockwindmühle, im Hintergrund der Kottmar*

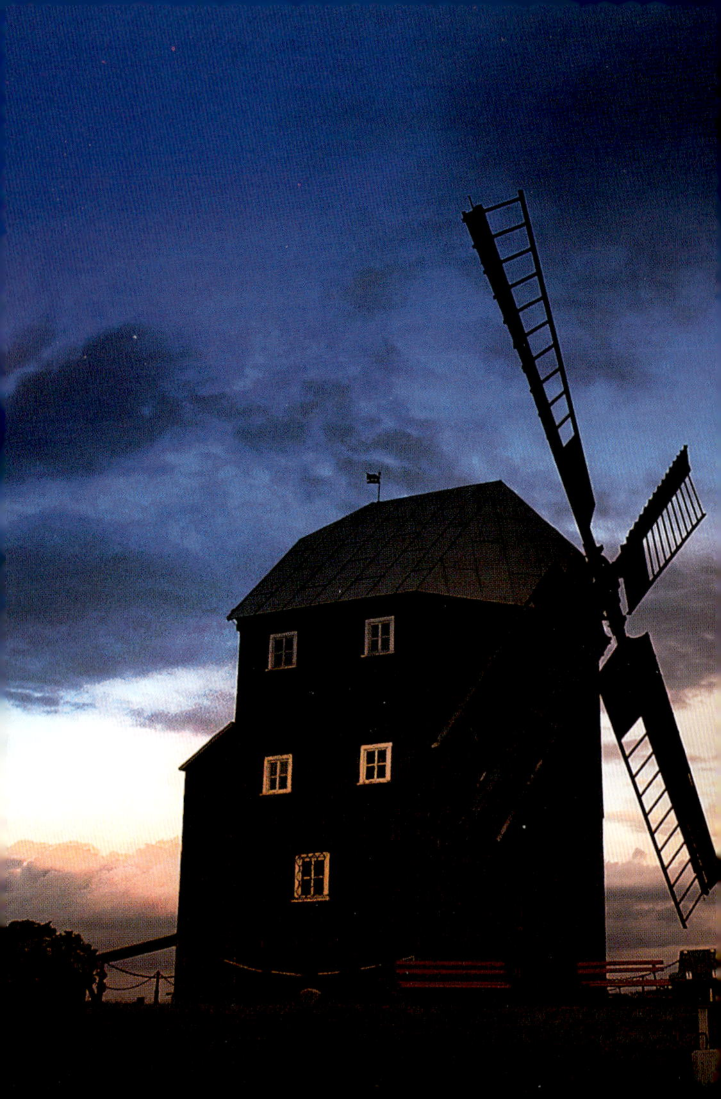

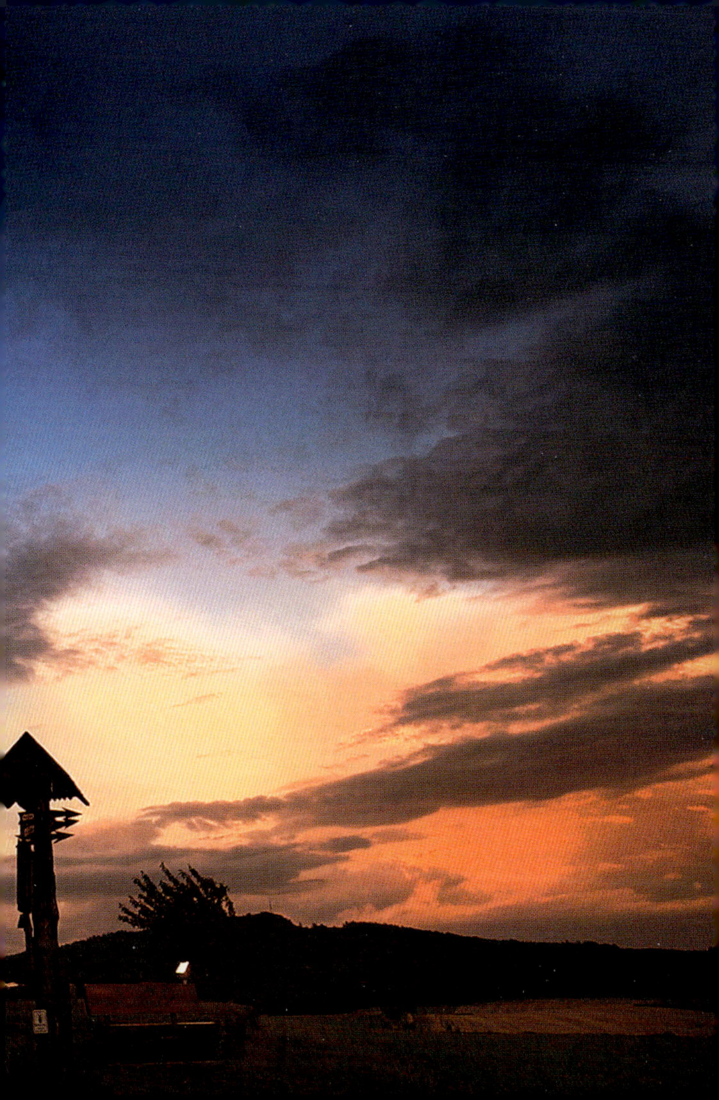

*In Eis erstarrt:
Die Berthold-Mühle Oderwitz, eine ehemalige Wassermühle, besitzt seit 2004 wieder ein Wasserrad in Miniaturausführung.*

Wasserräder

Oberschlächtiges Wasserrad

Mittelschlächtiges Wasserrad

Besonderheit: Um zum Mühlenantrieb nicht nur von einer Naturkraft abhängig zu sein, wurde bei der Mittelmühle am Kirchteich auf die Wassermühle eine Windmühle aufgesetzt.

Durch die Kraft des Wassers in Rotation versetzt, treiben sie die Maschinen einer Wassermühle an. Wasserräder waren an allen maßgeblichen Flüssen der Oberlausitz wie Spree, Mandau, Neiße, Schöps, Schwarze Elster oder Wesenitz sowie deren Nebenarmen, oft auch unbedeutenden, zu finden. Mehrere kleine Wasserräder einer Mühle – jeweils eins für einen Mahlgang, zum Beispiel vier bei der Görlitzer Vierradenmühle – wurden im Laufe der Entwicklung von einem wesentlich größeren und leistungsstärkeren ersetzt, wobei die Kraft durch Getriebe auf die einzelnen Mahlgänge verteilt wurde.

Abhängig vom Wasserzulauf wird zwischen ober-, mittel- und unterschlächtigen Wasserrädern unterschieden («schlächtig» steht für das

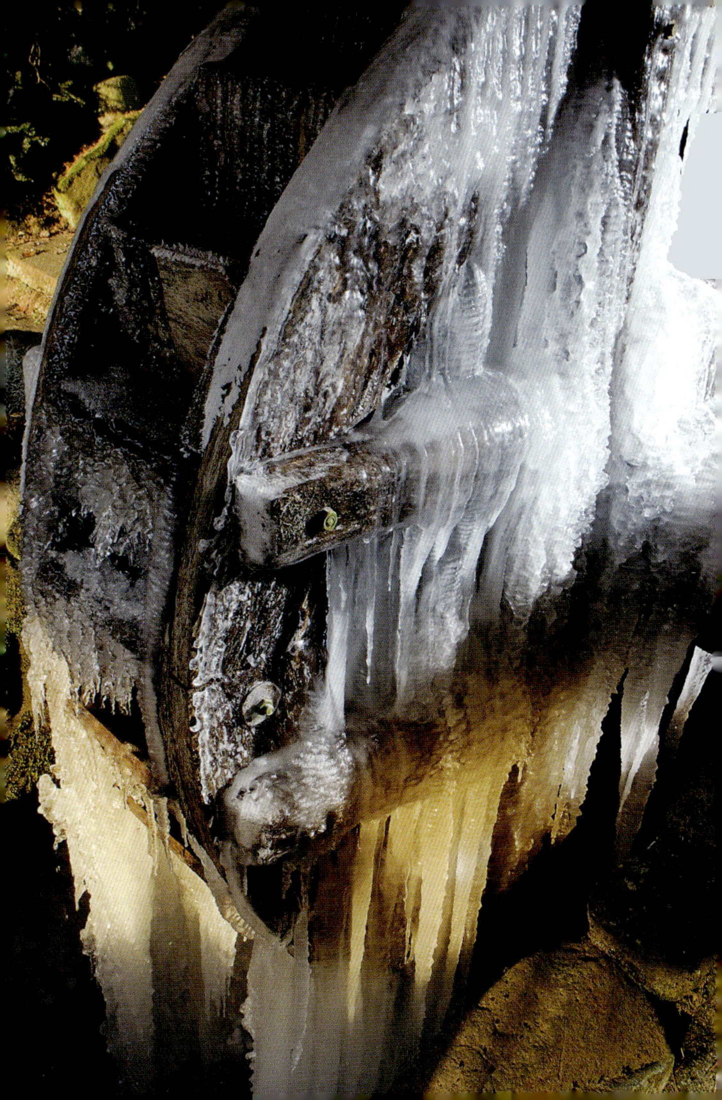

Die Sägemühle in St. Marienthal

Aufschlagen des Wassers auf die Wasserradschaufeln). Da in der Oberlausitz die Antriebsgewässer meist einen geringen Durchfluss aufweisen, war das oberschlächtige Rad am stärksten vertreten. Über ein Gerinne fällt das zuvor im Mühlgraben bzw. Mühlteich gestaute Wasser von oben auf das Rad. Bei mittelschlächtigen Wasserrädern nimmt das Rad das Wasser knapp in Höhe der Antriebswelle auf, wie in der 2005/2006 rekonstruierten Niedermühle Weißenberg. Bei unterschlächtigen Wasserrädern trifft lediglich die vorhandene Strömung eines Baches oder Flusses auf die unteren Schaufeln. Durch das im 19. Jahrhundert entwickelte Zuppinger-Wasserrad wurde der Wirkungsgrad mittel- und unterschlächtiger Räder erhöht, so in der Riegel-Mühle Nechern am Löbauer Wasser. Mit seinen tiefen Schaufeln konnte das Zuppingerrad schwankende Wassermengen ausgleichen.

Wasserräder wurden oft, zum Beispiel in der Mittelmühle Bischdorf, in einer geschlossenen Radkammer untergebracht, um sie vor Wettereinflüssen, insbesondere Sonneneinstrahlung und Frost, zu schützen. Durch die technische Entwicklung wurden viele Wasserräder durch Wasserturbinen ersetzt, damit verloren Wassermühlen ihr prägendes Merkmal.

Mühlgraben

Windräder

Als mit dem Siegeszug des elektrischen Stroms die Windmühlen ausgedient hatten, bedeutete das nicht den Verzicht auf deren Antriebsprinzip. Windturbinen mit einer Vielzahl von Flügelschaufeln aus Metall wurden konstruiert und erwiesen sich in

*Windpark
auf dem Wacheberg
bei Leutersdorf*

der ersten Hälfte des 20. Jahrhunderts dort als willkommene Stromerzeuger, wo das Energienetz noch unzureichend ausgebaut bzw. nicht vorhanden war. In Obercunnersdorf trieben damit etliche Handwerksbetriebe, darunter eine Schlosserei und eine Möbelfabrik, ihre Maschinen an. In Brießnitz bei Weißenberg ist ein solches auf einen Gittermast montiertes Windrad bis heute im Einsatz: Direkt an der Autobahn 4 pumpt es Wasser aus einem Brunnen auf ein rund 500 Meter entferntes Grundstück.

Windrad nahe der Autobahn bei Brießnitz

Zu Beginn der neunziger Jahre erlebten der Stromerzeugung dienende Windräder eine Renaissance in völlig neuen Dimensionen. Riesige Windtürme mit mächtigen Rotorblättern eroberten die Landschaft. Einer der ersten Windparks der Oberlausitz entstand auf dem Leutersdorfer Wacheberg. Zu Beginn des Jahres 2010 gab es in den Landkreisen Bautzen und Görlitz 205 Windkraftanlagen mit insgesamt 312 Megawatt installierter Leistung.

Kompaktes Wissen über die Oberlausitz – auf jeweils 64 Seiten und zu 7,90 €!

Arnd Matthes
Kleines Lexikon vom Umgebindehaus
Mit einem Vorwort von Annelies Schulz
Fotografien von René Pech
ISBN 978-3-936758-42-9

Stefan Wollmann
Kleines Lexikon der Oberlausitzer Berge
Mit einem Vorwort von Annelies Schulz
Fotografien von Gerald Große
ISBN 978-3-936758-52-8

Uwe und Beate Hornig
Kleines Lexikon der Oberlausitzer Friedhöfe
Mit einem Vorwort von Annelies Schulz
Fotografien von Beate Hornig
und Dietmar Berthold
ISBN 978-3-936758-60-3

Falk Lorenz
Kleines Lexikon der Oberlausitzer Parks
Fotografien von Bolko Kosel
ISBN 978-3-936758-69-6

Uwe Hornig und Johannes Richter
Kleines Lexikon vom Wasser in der Oberlausitz
Fotografien von Rico Hofmann
ISBN 978-3-936758-70-2

Zeichnungen
von Horst Pinkau

Lusatia Verlag
Bautzen

Bernd Dreßler
Kleines Lexikon von Löbau
Fotografien von Dietmar Berthold
ISBN 978-3-936758-83-2

www.LusatiaVerlag.de